BEI GRIN MACHT SICH IHR WISSEN BEZAHLT

- Wir veröffentlichen Ihre Hausarbeit, Bachelor- und Masterarbeit

- Ihr eigenes eBook und Buch - weltweit in allen wichtigen Shops

- Verdienen Sie an jedem Verkauf

Jetzt bei www.GRIN.com hochladen und kostenlos publizieren

Bibliografische Information der Deutschen Nationalbibliothek:

Die Deutsche Bibliothek verzeichnet diese Publikation in der Deutschen National-
bibliografie; detaillierte bibliografische Daten sind im Internet über http://dnb.d-
nb.de/ abrufbar.

Impressum:

Copyright © 2015 GRIN Verlag
Druck und Bindung: Books on Demand GmbH, Norderstedt Germany
ISBN: 9783668724600

Dieses Buch bei GRIN:

https://www.grin.com/document/428829

Jan Bausewein

Optimaler Phasenverlauf einer Kurseinheit. Externe Bedingungen, Planung Wirbelsäulengymnastik

GRIN Verlag

Deutsche Hochschule für Prävention und Gesundheitsmanagement

Hermann Neuberger Sportschule 3

66123 Saarbrücken

Einsendeaufgabe

Fachmodul:	Gruppentraining I
Studiengang:	Fitnessökonomie
Datum Präsenzphase:	07.04.2015 – 10.04.2015
Name, Vorname:	Bausewein, Jan
Studienort:	**Frankfurt am Main, Kelsterbach**
Semester:	**WS 2014**

Inhaltsverzeichnis

1 Optimaler Phasenverlauf einer Kurseinheit

Eine Kurseinheit ist in mehrere Phasen untergliedert. Eine Einleitung bestehend aus den Phasen Begrüßung, Allgemeinem Aufwärmen und Speziellem Aufwärmen, ein Hauptteil bestehend aus verschiedenen Übungen, variierend durch das Ziel der ausdauer-, kraft- oder gesundheitsorientierten Kurseinheit und ein Schlussteil bestehend aus Cool Down I und/oder Cool Down II, sowie der Verabschiedung. (Reiß & Eifler, 2004, S. 62)

Ein optimaler Phasenverlauf beinhaltet sämtliche eben genannte Bestandteile unter Beachtung der Kursinhalte und des somit bei ruhigen, entspannenden Kursen nicht durchzuführende Cool Down I.

Mit der beginnenden Phase „Begrüßung" stellt sich der Kurstrainer kurz und freundlich vor, die Kursteilnehmer werden auf die bevorstehenden Kursinhalte und die besonderen Schwerpunkte des Kurses hingewiesen, sowie mental auf die körperliche Anstrengung vorbereitet.

Beim „Allgemeinen Aufwärmen" absolvieren die Teilnehmer (TN) leichte Übungen zum Einstieg in den Kurs. Ziel dieser Phase ist die Erhöhung der Körpertemperatur, der körperlichen und mentalen Leistungsbereitschaft, der Verminderung der Verletzungsgefahr, eine angeregte Blutzirkulation und der Förderung der Gelenkflüssigkeitsproduktion, als auch der Gelenkmobilisation.

Das „Spezielle Aufwärmen" dient der Vorbereitung der geforderten Hauptmuskelgruppen, auf denen im Hauptteil der Schwerpunkt gesetzt wird, sowie der Nutzung von benötigtem Trainingsequipment. Dabei wird die Intensität und der Bewegungsradius der Übungen bis auf das Ziellevel gesteigert.

Im Hauptteil finden nun je nach Orientierung des Kurses, die vom Gruppentrainer vorbereiteten Übungen zur Erreichung der Kursziele statt.

Die TN sind dabei vom Intensitätslevel so zu fordern, dass es in einem ausdauerorientierten Kurs zu einer Verbesserung der Ausdauerleistungsfähigkeit und einer Steigerung des Kalorienverbrauchs kommt.

In einem kraftorientierten Kurs wird dagegen die Verbesserung der Kraftausdauer angestrebt, sowie eine Steigerung des Kalorienverbrauchs, der Muskelaufbau und die Verbesserung des allgemeinen Wohlbefindens und der Körperhaltung.

In einem gesundheitsorientierten Kurs wird im Allgemeinen die Verbesserung und Prävention von muskulären Dysbalancen, Haltungsstörungen und Beweglichkeitsdefiziten angestrebt. Den TN wird bei speziellen Kursangeboten außerdem die Möglichkeit geboten, sich körperlich und geistig zu entspannen und dem Alltagsstress zu entkommen.
Besonders anspruchsvolle Übungen mit einem möglichen Verletzungsrisiko sollten nicht vom Gruppentrainer ausgewählt und Überlastungen vermieden werden.

Bei allen vom Gruppentrainer durchgeführten Übungen ist auf eine korrekte Übungsausführung zu achten. Des Weiteren sind Fehlerbilder zu beseitigen und auf eine richtige Atmung der TN hinzuweisen.

Der Gruppentrainer hat bei seinen Übungen die Wahl, diese statisch oder dynamisch, mit oder ohne Trainingsgerät durchzuführen. Dabei ist eine sinnvolle Reihenfolge von Übungen im Stehen, Sitzen, Liegen und von Übungen mit Trainingsgerät und ohne Trainingsgerät zu wählen.

Die zum Schlussteil gehörenden Phasen „Cool Down I", „Cool Down II" und „Verabschiedung" dienen der Rückführung des Kurses in das reale Alltagsgeschehen.

Ähnlich wie beim Allgemeinen Aufwärmen führen die TN beim Cool-Down I Übungen aus, die eine niedrigere Intensität und Beanspruchung der Muskeln haben, als die Übungen aus dem Hauptteil des Kurses. Hier dienen diese einfacheren Übungen jedoch der Senkung der Körpertemperatur, des Pulses und der Beruhigung des Herz-Kreislauf-Systems.

Praktisch gesehen werden die Bewegungsamplituden geringer und die Bewegungen, durch die langsamer werdende Musik, ruhiger.

Das Cool-Down I findet jedoch nur bei ausdauerorientierten Kursen statt, da hier durch die Erhöhung des Pulses auf über 120 S/min ein Übergang geschaffen werden muss, der die TN auf mögliche Übungen des Cool-Down II auf dem Boden vorbereitet und somit Herz-Kreislauf-Problemen vorbeugt.

Die Phase „Cool-Down II" findet am Ende jedes Kurses statt.

Das Ziel dieser Phase ist es, den TN für Entspannung zu sorgen, die Muskulatur nachzubereiten, das heißt die Muskulatur zu lockern und zu dehnen. Der Puls wird auf seine Ausgangsposition gebracht und es wird für eine geistige Rückführung und Beruhigung gesorgt.

Auch hier ist auf eine sinnvolle Reihenfolge der Übungen zu achten, so dass der Kurs im Stehen endet und eine ordentliche Verabschiedung erfolgen kann, bei der sichergestellt ist, dass jeder TN ohne gesundheitliche Probleme den Kurs verlassen kann.

Die Verabschiedung ist die letzte Phase einer Kurseinheit, bei der der Gruppentrainer den TN ein Feedback geben kann oder von Diesen ein Feedback erhalten kann und noch ein paar abschließende Worte zum Verlauf des Kurses oder zu nachfolgenden Angeboten vorträgt.

2 Besuch einer Kurseinheit

2.1 Phasenverlauf des besuchten Kurses

Bezeichnung des besuchten Kurses: Piloxing

Tab. 1: Einzelne Phasen des besuchten Kurses mit Beispielen (eigene Darstellung)

Begrüßung	Dauer: 1 Min. Durchführung: Vorstellung seiner Person und des Kursinhaltes
Warm-Up	Dauer: 7 Min. Übungsbeispiel: Side Step mit mitschwingenden Armen
Hauptteil	Dauer: 43 Min. Übungsbeispiel: Schritt nach vorne, zwei Luftschläge, andere Hand am Gesicht, Füße wieder zusammen und zwei Sprünge auf der Stelle
Cool-Down	Dauer: 6 Min. Übungsbeispiel: Kniend, Fußsohle zeigt in Richtung der Raumdecke, Gesäß auf Fersen, Oberkörper und Kopf wird so tief es geht abgelegt, Arme über den Kopf ausstrecken und dehnen
Verabschiedung	Dauer: 3 Min. Durchführung: Kursabschluss-Choreographie „Sleek, Sexy, Powerful" und kurzes Feedback an die TN

Im besuchten Kurs wurde der optimale Phasenverlauf zum größten Teil eingehalten.

Das einzig abweichende war die zu kurz geratene Einleitung, als auch der Schlussteil des Kurses, die beide bei einer Stunde Gruppentraining jeweils 12 Minuten beanspruchen müssen. Der Kurs beinhaltete klare Übungsreihenfolgen mit guten Übergängen von bekannten zu unbekannten, leichten zu schweren und einfachen zu komplexen Übungen, als auch mit guten Übergängen vom Stehen zum Boden und abschließenden Übungen im Stehen.

Der Grund für die knappe Einleitung/ den knapp gehaltenen Schluss ist vermutlich die Fokussierung auf den Hauptteil, um die TN größtmöglich zu beanspruchen und Ihnen durch den vielfältigen Kursinhalt – Pilates, Boxen, Tanz – eine große Abwechslung zu bieten, ohne einen Teil davon zu kurz kommen zu lassen.

2.2 Sportmotorische Fähigkeiten im besuchten Kurs

Tab. 2: Hauptsächlich angesprochene sportmotorische Fähigkeiten im Kurs Piloxing (eigene Darstellung)

Kraftausdauer:	Im Bereich der Schultern Übungsbeispiel: Luftschlag im Wechsel, andere Hand schützend vor das Gesicht Im Bereich des Rumpfes Übungsbeispiel: Oberkörper vorgebeugt, Spannung auf dem unteren Rücken, Knie wird zur Brust hochgezogen, nach X Whg. Beinwechsel
Beweglichkeit:	Übungsbeispiel: Oberkörper vorgebeugt, ein Bein wird seitlich angehoben, bis zur Horizontalen
Koordination:	Übungsbeispiel: Oberkörper vorgebeugt, ein Bein wird nach hinten angehoben, bis zur Horizontalen, Arme zum Ausgleichen seitlich angehoben
Schnelligkeit:	Übungsbeispiel: 4-facher Luftschlag im Wechsel, dabei Ausfallschritt Übungsbeispiel: Schnelle Wechsel zwischen den Schritten, wie der Wechsel von Pilates zu Tanzschritten

2.3 Betrachtung des Kursleiterverhaltens

Die Funktionen eines Gruppentrainers als Lehrer, Dienstleister, Vorbild und Animateur wurden von der Gruppentrainerin gut erfüllt.

Während der Kurseinheit fiel es ihr als Lehrerin leicht, den TN die richtige Ausführung zu zeigen, sie mehrmals zu korrigieren und auf Fragen zu antworten. Des Weiteren wurde während ihrer Übungseinweisungen oft auch der Übungsnutzen erwähnt, wobei dies im hohen

Tempo des Hauptteils nicht immer möglich war. Ihre Blicke gingen stets durch die Reihen der TN und man konnte keine Haltungsfehler oder Beweglichkeitsdefizite/ -probleme feststellen.

Die räumlichen Gegebenheiten waren zu Beginn der Stunde aufgeräumt, gelüftet und sorgfältig vorbereitet, so dass die überpünktliche Gruppentrainerin mit bekannten und/oder unbekannten TN ein kurzes Gespräch führen, deren Stimmung mit einem sympathischen Eindruck heben und die TN mental auf den folgenden Kurs einstellen konnte. Das gesamte Auftreten der Gruppentrainerin ließ auf eine Ihr bewusste Dienstleisterfunktion hinweisen. Nach einem letzten kurzen Gang über die Trainingsfläche des Fitnessstudios, begann der Kurs mit neuen TN und der von der Gruppentrainerin ausgewählten Musik. Auch nach dem Kurs und der für Sie endenden Arbeitszeit, behielt Sie die Geduld und das Nachsehen der TN und beantwortete Fragen, betrieb Small-Talk.

Das Erscheinungsbild der Gruppentrainerin war vorbildlich – durchtrainiert, gesund, freundlich, zuvorkommend, selbstbewusst, überzeugt. Das Problem einer hohen und mit von der Musik übertönten Stimme löste Sie durch ein Headset-Mikrofon. Ausgestattet mit der passenden Sportbekleidung, zeigte Sie den TN einen möglichen Schuhersatz zur Erleichterung des barfüßigen Kurses. Während des Kurses konnte Sie die Übungen ohne Einschränkungen, Gleichgewichtsverluste oder körperliche Ermüdungserscheinungen durchführen, was die TN motiviert, ebenfalls keine Fehler zu machen. Außerdem war Sie durchgehend freundlich und locker, woraus Ihr Spaß am Sport zu erkennen war.

Die Funktion des Animateurs wurde ebenso gut erfüllt. Die Gruppentrainerin gab sich Mühe, freundlich zu sein, regelmäßig durch die Reihen der TN zu laufen und den Spaß durch Motivationsschreie und durchgehendes Lächeln weiterzugeben. Des Weiteren begab Sie sich während der Übungen auch in die Reihen der TN um mit Ihnen gemeinsam die Übungen zu absolvieren und den Spaßfaktor weiter anzukurbeln. Selbst bei mehrfacher Korrektur eines TN blieb Sie freundlich und fand motivierende, positive Worte.

3 Externe Bedingungen einer Kurseinheit

Externe Bedingungen einer Kurseinheit sollten noch vor der genauen Übungswahl und der Musikanpassung geklärt sein. Denn wenn diese Bedingungen nicht erfüllt sind, kann die komplette Kursplanung umsonst gewesen sein, sodass der Gruppentrainer improvisieren muss, was einen hohen Druck auf ihn verursacht, ihn in eine Stresssituation bringt und es somit nicht mehr möglich ist, die Kursziele zu erreichen und die Kundenzufriedenheit zu erhalten.

Zu den externen Bedingungen einer Kurseinheit gehören die Rahmenbedingungen, die Zielgruppe und die Zielsetzung.

Rahmenbedingungen sind zum Beispiel äußere Einflüsse wie die räumlichen Gegebenheiten und das Trainingsmaterial.
Die räumlichen Gegebenheiten haben einen großen Einfluss auf die Durchführbarkeit des Kurses und müssen deshalb vor der Kursplanung überprüft werden. Der Gruppentrainer muss den Bewegungsradius seiner Übungen kennen und mit in die Größe des Raumes einplanen, sodass für eine spekulierte Anzahl an TN jeder davon genügend Platz zum Durchführen der Übungen hat und sich die TN nicht in die Quere kommen, was ein Verletzungsrisiko und Kundenunzufriedenheit mit sich ziehen würde.
Oft und gerne wird in speziellen Kursen Trainingsmaterial mit eingeplant. Dies kann die Intensität der Übungen steigern und sollte gut vorbereitet sein. Jedoch ist es wichtig, das eingeplante Trainingsmaterial vorher auf Vollständigkeit und Einsatzbereitschaft zu überprüfen, um fehlende Sachen – bei hoher Teilnehmerquote oder Defekten der Materialien - und mögliche Sicherheitsrisiken während des Kurses zu vermeiden.

Die Zielgruppe ist ebenso entscheidend für die Inhalte eines Kurses.
Der Gruppentrainer muss beispielsweise die Altersgruppe und das Leistungslevel seiner TN kennen, um die Kursinhalte perfekt darauf abstimmen zu können.
Da die meisten TN einer früheren Generation zu Beweglichkeits- und Koordinationsdefiziten im Vergleich zu jüngeren Generationen neigen, muss der Gruppentrainer seine Übungen je nach der erwarteten Alterskategorie auswählen. Dabei ist es zum Beispiel wichtig das Tempo, die Intensität und Komplexität anzupassen, um ältere TN nicht zu überfordern und jüngere TN nicht zu unterfordern.

Außerdem muss ein Leistungslevel der TN bekannt sein oder im Voraus erfragt werden, um wiederum die richtigen Übungen bei ausgewählter Leistungsstufe in den Kurs mit einzubringen. Zu hoch angesetzte Leistungserwartungen haben eine Überforderung der Kunden und zu niedrig angesetzte Leistungserwartungen haben eine Unterforderung der Kunden zur Folge.

Bei der Zielsetzung eines Kurses unterscheidet man zwischen allgemeinen und speziellen Zielen.

Allgemeine Ziele, die über einen längeren Zeitraum gesetzt werden und die die sportmotorischen Fähigkeiten der TN verbessern sollen sind die primären Ziele eines Kursangebots. Sie helfen den Kunden in der Erreichung persönlicher Ziele, wie zum Beispiel Fettreduktion, Muskelaufbau oder Koordinationsverbesserung und sind der hauptsächliche Grund eines Kursbesuches.

Spezielle Ziele sind Ziele, die innerhalb einer Kursstunde erreicht werden können und die den TN einen Ausgleich zum Arbeitsalltag geben. Es sind kleinere Ziele, wie zum Beispiel die mentale Erholung des Alltagsstress, das gute Gefühl eines ausgepowerten Daseins oder das Erlernen von Choreografien und Schrittfolgen.

Im Allgemeinen ist die Zielsetzung die wichtigste externe Bedingung einer Kurseinheit, da alle Kursinhalte auf Sie aufgebaut sind.
Die Zielsetzung ist im Zusammenhang mit der Zielgruppe und muss stetig darauf angepasst werden, um bestmögliche Ergebnisse zu erreichen.
Ein gutes Zusammenspiel von Rahmenbedingungen, Zielgruppe und Zielsetzung ist Voraussetzung für eine erfolgreiche Kurseinheit und muss von jedem Gruppentrainer beachtet werden.

4 Planung einer Wirbelsäulengymnastik

4.1 Zielgruppe

Tab. 3: Zielgruppe der Wirbelsäulengymnastik (eigene Darstellung)

Gruppengröße:	10 Kursteilnehmer
Geschlecht:	Männlich
Alter:	25-30 Jahre
Leistungslevel:	Fortgeschritten
Vorkenntnisse:	Regelmäßige Besuche einer WSG

4.2 Ziele der Wirbelsäulengymnastik

Die Wirbelsäulengymnastik zählt zu den gesundheitsorientierten Kursen und dient der Prävention und Steigerung der physischen und psychischen Fähigkeiten und Wahrnehmungen der TN.

Diese sind beispielsweise muskuläre Rückenbeschwerden, Wirbelsäulenverletzungen und Fehlhaltungen.

Besonders Menschen mit überwiegend sitzenden Tätigkeiten, sei es durch den Beruf, das Hobby oder Ähnliches, gehen mit großen Erwartungen in gesundheitsorientierte Kurseinheiten, wie die Wirbelsäulengymnastik, um ein subjektiv besseres Empfinden ihres Körpers zu erhalten, muskuläre Dysbalancen auszugleichen oder zur Stärkung ihrer Tiefenmuskulatur.

Ebenfalls zu den allgemeinen Zielen einer Wirbelsäulengymnastik zählt die Verbesserung der Entspannungsfähigkeit der TN, die durch Stress und Druck aus dem Alltag selten trainiert wird.

Spezielle Ziele dagegen sind die Fortschritte in der Verbesserung der Mobilität, des subjektiven Empfindens nach der Kurseinheit und der Entspannung, des Stressabbaus innerhalb einer Kurseinheit. Außerdem ist es den TN mit bestehenden Rückenschmerzen ein Ziel, diese vorübergehend mit absolvieren der Kurseinheit zu beseitigen und ohne Beschwerden aus dem Kurs zu gehen.

4.3 Material

Um den Kunden kniende, liegende oder seitstützende Übungen angenehmer und einfacher zu machen, werden Gymnastikmatten verwendet, auf denen die TN ihr Trainingshandtuch ausbreiten können. Jeder TN erhält dabei eine Gymnastikmatte und legt sie vor sich auf den Boden.

Zusätzlich werden für spezielle Übungen Thera-Bänder® verwendet, um die Intensität zu erhöhen und das Eingreifen weiterer Muskelfasern zu aktivieren.

Durch die verschieden widerstandsfähigen Thera-Bänder® können die TN diese selbst an Ihr individuelles Leistungsniveau anpassen und gegebenenfalls während der Kurseinheit verändern.

4.4 Stundenplanung

Tab. 4: Phase Warm-up (eigene Darstellung)

Phase: Warm Up (9 Minuten)				
Ziel der Übung	Übungsbezeichnung/ Name der Übung	Übungsbeschreibung	Belastungsgefühge	Bemerkungen/ Hinweise
Trapezbereich aufwärmen	Schulterkreisen	Gerader, hüftbreiter Stand; Schultern abwechselnd kreisen	Dynamisch 2-mal à 10 Whg. / Seite	Langsame Bewegung, Lockeres Einsteigen, hüftbreiter und aufrechter Stand
Trapez- und Deltabereich aufwärmen	Seitheben	Arme leicht angewinkelt vom Körper seitlich Anheben bis zur Horizontalen	Dynamisch 2-mal à 20 Whg.	Fließender Übergang von Auf- und Abwärtsbewegung
Gesamten Oberkörper aufwärmen, leicht dehnen und mobilisieren	Oberkörper öffnen, Arme nach außen bewegen	Arme leicht angewinkelt nach außen bringen, Brustkorb nach vorne drücken, beim Zurückgehen Rücken rund machen und Arme vor den Körper nehmen	Dynamisch 2-mal à 20 Whg.	Hohlkreuz vermeiden, fließende Übergänge bei den Richtungswechseln
Rumpf aufwärmen und	Bein vertikal nach oben ziehen	Bein in die Hüfte hoch ziehen/ „in den	Dynamisch 2-mal à 10 Whg.	Bein gerade lassen, nur das Be-

12

mobilisieren		Bauch ziehen"	/ Seite	cken bewegen
Rumpf auf-wärmen und mobilisieren	Becken anheben	Beckenboden nach oben anheben und senken	Dynamisch 2-mal à 20 Whg.	Konzentration auf Bauchmuskulatur, langsame Bewegung
Rumpf auf-wärmen und mobilisieren	Becken kreisen	Oberkörper gerade, Becken kreist, abwechselnde Richtung	Dynamisch 2-mal à 20 Whg.	Beine nur leicht mitbewegen, Bewegung aus dem Becken
Trapez- und Deltabereich aufwärmen	Frontheben	Arme leicht angewinkelt vom Körper nach vorne anheben bis zur Horizontalen	Dynamisch 2-mal à 20 Whg.	Thera-Band® kommt hinzu, auf geraden Rücken aufpassen
Gesamten oberen Rücken aufwärmen und mobilisieren	Horizontale Schulterbewegung	Arme nach vorne angehoben halten, Schulterblätter abwechselnd zusammenziehen und nach vorne drücken	Dynamisch 2-mal à 20 Whg.	Thera-Band®, saubere Ausführung mit viel Konzentration nötig
Schultergelenk mobilisieren, Trapez- und Deltabereich aufwärmen	Vertikale Schulterbewegung über Kopf	Arme über Kopf anheben, Schultern abwechselnd nach oben und unten bewegen	Dynamisch 2-mal à 20 Whg.	Thera-Band®, saubere Ausführung mit viel Konzentration nötig, auf geraden Rücken aufpassen

Tab. 5: Phase Hauptteil (eigene Darstellung)

Phase: Hauptteil (27 Minuten)				
Ziel der Übung	Übungsbezeichnung/ Name der Übung	Übungsbeschreibung	Belastungsgefüge	Bemerkungen/ Hinweise
Rumpfstabilisation und Koordination	Beinabduktion	Im Stehen, Fußspitze anziehen, Arme verschränkt auf Schulterhöhe	Dynamisch 3-mal à 15 Whg. / Seite	Gleichgewicht halten, stehendes Bein etwas anwinkeln
Rumpfstabilisation und Trapez- / Deltakräftigung	Butterfly Reverse vorgebeugt	Knie anwinkeln, Oberkörper vorbeugen, Arme leicht angewinkelt nach außen be-	Dynamisch 3-mal à 15 Whg.	Thera-Band® kommt dazu, gerader Rücken und Kopf, Thera-Band® wird auseinandergezogen

13

		wegen, bis diese eine Linie bilden		
Rumpfstabilisa-tion und Trapez- / Deltakräftigung	Langsame Knie-beuge mit Armen über Kopf	Kopf und Rücken gerade halten, beim Runtergehen die Arme gleich-zeitig nach oben bewegen	Dynamisch 3-mal à 12 Whg.	Thera-Band®; Tiefe Kniebeugen mit gera-dem Rücken und Kopf, Arme halten Thera-Band® unter Spannung
Mobilisation LWS und BWS	Vierfüßlerstand Rücken gerade, Rücken gewölbt	Hände schulter-breit und Knie beckenbreit auf Boden, Rücken im langsamen Wech-sel nach oben/ unten runden	Dynamisch 3-mal à 15 Whg.	Knie- und Wirbelsäu-lenschonender Wechsel auf Gym-nastikmatte; Auf At-mung achten (nach oben runden = Aus-atmen), Gymnastik-matte benutzen
Rumpfstabilisa-tion	Vierfüßlerstand, Bein ausstrecken, dann Knie zur Brust	Bein bis zur Hori-zontalen strecken, danach Knie zur Brust führen	Dynamisch 3-mal à 15 Whg. / Seite	Auf Rücken aufpas-sen, Hohlkreuz ver-meiden
Rumpfstabilisa-tion und Koordi-nation	Vierfüßlerstand, Arm und Bein diagonal ausstre-cken	Diagonales Aus-strecken von Arm und Bein bis zur Horizontalen	Dynamisch 3-mal à 15 Whg. / Seite	Auf Rücken aufpas-sen, Hohlkreuz ver-meiden, Gleichge-wicht halten
Rumpfstabilisa-tion und Koordi-nation	Unterarmstütz mit Bein anheben	Körper in eine Linie bringen, ein Bein bis zur Hori-zontalen anheben	Statisch 3-mal à 60 Sek.; Bein-wechsel nach 10 Sek.	Körper in eine Linie versetzen, Ellenbo-gen unterhalb der Schulter
Rumpfstabilisa-tion	Unterarmstütz dynamisch über Fußballen vor und zurück rollen	Körper in einer Linie vor und zu-rück bewegen	Dynamisch 3-mal à 20 Whg.	Winkel Ober-/ Unter-arm >90° öffnen, Körperlinie aufrecht halten
Rumpfstabilisa-tion und Koordi-nation	Seitstütz mit Bein anheben	Dabei Ellenbogen, Schulter und Kopf in eine Linie brin-gen, Körper gera-de; dann Beinab-duktion durchfüh-ren	Dynamisch 3-mal à 15 Whg. / Seite	Schonender Über-gang in die Seitenla-ge, für Stabilität im Sprunggelenk sorgen
Rumpfstabilisa-	Seitlich Liegendes	Becken auf Gym-	Dynamisch	Flexion des Oberkör-

tion und Koordination	Beinheben	nastikmatte bringen, beide Beine vom Boden anheben	3-mal à 15 Whg. / Seite	pers vermeiden
Rumpfstabilisation und Koordination	Rumpfheben mit Bein ausstrecken	Kopf und Schulterblätter am Boden lassen, Becken auf eine Linie zu Knien anheben, ein Bein ausstrecken	Statisch 3-mal à 60 Sek.; Beinwechsel nach 15 Sek.	Schonender Übergang in die Rückenlage
Rumpfstabilisation	Becken kippen	Beine aufgestellt , Becken am Boden, Becken nach oben kippen	Dynamisch 3-mal à 15 Whg.	Konzentration auf die Bauchmuskulatur
Rumpfstabilisation	Oberkörper anheben, Hände im Wechsel zur Fußsohle	Kopf gerade halten, Spannung auf Bauchmuskulatur, Beine aufgestellt, Hände im Wechsel zur Ferse bewegen und Spannung aufrecht halten	Dynamisch 3-mal à 15 Whg. / Seite	Kopf gerade, Konstante Spannung auf der Bauchmuskulatur

Tab. 6: Phase Cool-Down (eigene Darstellung)

Phase: Cool-Down (9 Minuten)				
Ziel der Übung	Übungsbezeichnung/ Name der Übung	Übungsbeschreibung	Belastungsgefüge	Bemerkungen/ Hinweise
Ganzkörperdehnen, Einleitung in Cool-Down-Phase	Körper strecken mit Bauchatmung	Flach auf den Boden legen, Arme nach oben ausstrecken, Atmung tief in den Bauch	Statisch 2-mal 30 Sek.	Kopf gerade halten
Dehnen Gesäß	Seitwärtsdrehung mit übergestelltem Bein	Ein 90° aufgestelltes Bein überkreuzt das flach liegende Bein, Oberkörper wird auf die entgegengesetzte Seite	Statisch 2-mal 20 Sek.	Nur subjektives, leichtes Dehnen um LWS schonen

		gedreht		
Dehnen Hüftstrecker und Gesäß	Knie zur Brust ziehen	Flach auf den Boden legen, Hände umgreifen das zu dehnende Knie	Statisch 2-mal 15 Sek. / Seite	
Dehnen unterer Rückenbereich	Kniend den Kopf auf Gymnastikmatte, Gesäß auf Fersen, Arme lang	Fußsohle zeigt in Richtung Decke, Kopf so tief es geht Richtung Boden richten, Gesäß bleibt auf Fersen, Arme ausgestreckt	Statisch 2-mal 20 Sek.	Gesäß auf Fersen, Atmung beachten
Dehnen Hüftbeuger	Ausfallschritt, hinterer Fuß auf Fußoberseite liegend, Knie vom Boden abheben	Gleichgewicht halten, Oberkörper aufrecht, Becken gerade	2-mal 15 Sek. / Seite	Hinterer Fuß auf Gymnastikmatte, Hinteres Knie ist in der Luft
Ganzkörperdehnen, in stehende Position kommen	Stehendes Ganzkörperstrecken	Arme über Kopf ausstrecken, mit Kraft nach oben ziehen	1-mal 30 Sek.	Hohlkreuz vermeiden
Dehnen seitlicher Bauch	Ganzkörperstrecken mit Lateralflexion	Hüfte bleibt stets gleich, Flexion nur aus dem Oberkörper	Statisch 2-mal 20 Sek. / Seite	Hüfte zeigt durchgehend nach vorne
Dehnen Rumpfbereich	Verschränken der Arme auf Schulterhöhe, Oberkörperdrehung nach links/rechts	Hüfte zeigt stets nach vorne, Drehen des Oberkörpers nach links/rechts	Statisch 2-mal 20 Sek. / Seite	Hüfte zeigt durchgehend nach vorne
Dehnen Nackenbereich	Kopfneigen mit Armstrecken gen Boden	Entgegen der Kopfrichtung Arm/Schulter senkrecht nach unten drücken	Statisch 2-mal 20 Sek. / Seite	Kopf nur neigen, Oberkörper aufrecht
Bedanken an das Bemühen des Gruppentrainers	Arme seitlich ausgestreckt, Handflächen zeigen nach vorne, Hände werden nach vorne zusammengeführt	Feste zusammenführen bis Aufprallgeräusch ertönt	Dynamisch 10 Whg.	Darf enthusiastisch wirken

16

5 Literaturverzeichnis

Reiß, M. & Eifler, C. (2004). *Studienbrief Gruppentraining I*, S. 62

6 Tabellenverzeichnis